Pour ou contre les zoos

Débat entre conservation, éducation et éthique animale

Par

Jordan Garcia Lopez

Table des matières :

INTRODUCTION

I. Les fondamentaux des zoos modernes

    A. Définition et types de zoos

    B. Réglementations et standards internationaux

    C. Gestion et financement des zoos

II. Arguments en faveur des zoos

    A. Conservation des espèces menacées

    B. Recherche scientifique et avancées vétérinaires

    C. Éducation du public à la biodiversité

    D. Sensibilisation à la protection de l'environnement

    E. Loisir et contact avec la nature pour le public urbain

III. Arguments contre les zoos

    A. Bien-être animal et stress en captivité

    B. Espace limité et environnements artificiels

    C. Comportements anormaux et problèmes de santé des animaux

    D. Questionnements éthiques sur l'exhibition d'animaux

    E. Accidents et risques pour la sécurité

publique

IV. Impact sur la conservation

A. Programmes de reproduction en captivité

B. Réintroduction d'espèces dans la nature

C. Efficacité réelle des zoos dans la préservation de la biodiversité

D. Comparaison avec d'autres méthodes de conservation

V. Dimension éducative et culturelle

A. Rôle des zoos dans l'éducation environnementale

B. Impact sur la perception publique des animaux

C. Alternatives éducatives (documentaires, réalité virtuelle, etc.)

VI. Aspects économiques et touristiques

A. Contribution à l'économie locale

B. Emplois et formation professionnelle

C. Enjeux du tourisme animalier

VII. Évolutions et alternatives

A. Sanctuaires et réserves naturelles

B. Zoos virtuels et technologies immersives

C. Amélioration des conditions de vie des animaux en captivité

D. Rôle potentiel dans la dé-extinction d'espèces

VIII. Perspectives d'avenir

A. Adaptation des zoos aux préoccupations éthiques croissantes

B. Équilibre entre conservation, éducation et bien-être animal

C. Redéfinition du rôle des zoos dans un monde en mutation écologique

CONCLUSION : Vers une nouvelle conception des zoos pour le 21e siècle ?

INTRODUCTION

Depuis des siècles, les zoos fascinent et divisent. Ces institutions, qui ont considérablement évolué depuis leurs origines de simples ménageries royales, se trouvent aujourd'hui au cœur d'un débat passionné qui soulève des questions fondamentales sur notre relation avec le monde animal, notre responsabilité envers la nature et le rôle de l'éducation environnementale dans nos sociétés modernes.

Les zoos occupent une place unique à l'intersection de la conservation, de l'éducation, du divertissement et de la recherche scientifique. Pour des millions de visiteurs chaque année, ils représentent une opportunité rare de rencontrer des animaux exotiques, d'apprendre sur la biodiversité et de développer une conscience écologique. Pour les défenseurs de la cause animale, en revanche, ils symbolisent souvent la captivité injustifiée d'êtres sensibles et soulèvent des questions éthiques profondes.

Ce livre se propose d'examiner de manière équilibrée et approfondie les arguments pour et contre l'existence des zoos dans notre société contemporaine. Notre objectif n'est pas de dicter une position, mais plutôt d'offrir au lecteur une exploration complète et nuancée de ce sujet complexe.

Au fil de ces pages, nous aborderons des questions cruciales : Les zoos jouent-ils un rôle indispensable dans la conservation des espèces menacées ? Peuvent-ils offrir une qualité de vie satisfaisante aux animaux qu'ils hébergent ? Quel est leur véritable impact éducatif ? Comment se positionnent-ils face aux défis environnementaux actuels ?

Nous examinerons l'histoire des zoos, leur évolution, et les normes qui régissent leur fonctionnement aujourd'hui. Nous donnerons la parole à des experts en biologie de la conservation, en éthologie, en éducation environnementale, ainsi qu'à des professionnels de zoos et des militants pour les droits des animaux. Nous explorerons également les alternatives émergentes, telles que les sanctuaires animaliers et les technologies immersives.

Dans un monde confronté à une crise de biodiversité sans précédent, où l'urbanisation croissante éloigne de plus en plus les humains de la nature, le débat sur les zoos prend une dimension particulière. Il nous invite à réfléchir sur notre place dans l'écosystème global et sur notre responsabilité envers les autres espèces qui partagent notre planète.

Que vous soyez un visiteur régulier de zoos, un sceptique, ou simplement curieux de comprendre les enjeux, nous espérons que cet ouvrage vous offrira de nouvelles perspectives. Il vous invitera à réexaminer vos propres convictions et à participer de manière éclairée à l'un des débats les plus importants de notre époque sur notre relation avec le monde naturel.

Ensemble, nous explorerons les multiples facettes de cette question complexe, en gardant à l'esprit que les réponses que nous y apportons façonneront non seulement l'avenir des zoos, mais aussi notre approche globale de la conservation et de notre coexistence avec le règne animal.

I. Les fondamentaux des zoos modernes

A. Définition et types de zoos

Les zoos, tels que nous les connaissons aujourd'hui, sont des institutions dédiées à l'exposition et à la conservation d'animaux vivants, souvent dans un cadre conçu pour imiter leur habitat naturel. Ils diffèrent fondamentalement des ménageries historiques, qui étaient principalement destinées à l'exhibition d'animaux exotiques comme symboles de pouvoir et de richesse. Les zoos modernes se positionnent comme des acteurs clés de la conservation, de l'éducation et de la recherche scientifique.

Il existe plusieurs types de zoos, chacun ayant des objectifs et des approches spécifiques :

- **Zoos traditionnels** : Ces établissements abritent une grande diversité d'espèces animales, souvent organisées par zones géographiques ou biomes. Ils visent à offrir une expérience éducative aux visiteurs tout en participant à des programmes de conservation.

- **Parcs zoologiques spécialisés** : Contrairement aux zoos traditionnels, ces parcs se concentrent sur une catégorie spécifique d'animaux, comme les oiseaux (oiseaux), les reptiles (serpentariums) ou les primates. Leur spécialisation permet des environnements plus adaptés et des recherches approfondies sur les espèces concernées.
- **Aquariums** : Bien que distincts des zoos terrestres, les aquariums remplissent des fonctions similaires pour la faune marine et aquatique. Ils offrent un aperçu du monde sous-marin, tout en contribuant à la conservation des espèces aquatiques menacées.
- **Parcs safari et réserves naturelles** : Ces établissements tentent de recréer les vastes étendues naturelles où les animaux peuvent se déplacer librement. Les visiteurs y observent les animaux depuis des véhicules, ce qui réduit le stress lié à la captivité en offrant des

environnements plus spacieux et proches des habitats d'origine.

- **Centres de réhabilitation et de sanctuaires** : Ces structures se concentrent sur la réhabilitation d'animaux blessés ou issus du commerce illégal. Ils peuvent aussi servir de refuge pour des espèces non relâchables dans la nature, leur offrant un espace sécurisé et adapté.

B. Réglementations et standards internationaux

Les zoos modernes sont régis par un ensemble complexe de lois et de standards internationaux destinés à assurer le bien-être des animaux, la sécurité des visiteurs, et la protection de la biodiversité. Ces réglementations varient selon les pays, mais plusieurs conventions et associations internationales jouent un rôle central dans l'harmonisation des pratiques :

- **Convention sur le commerce international des espèces de faune et de flore sauvages**

menacées d'extinction (CITES) : Cette convention, adoptée en 1973, régule le commerce international d'espèces menacées pour prévenir leur exploitation excessive. Les zoos doivent respecter des règles strictes pour l'importation et l'exportation d'animaux.

- **Association mondiale des zoos et aquariums (WAZA)** : La WAZA établit des standards globaux pour la gestion des zoos, y compris le bien-être animal, la conservation, et l'éducation. Les zoos membres de la WAZA s'engagent à respecter ces standards élevés.
- **Accréditations nationales** : Dans de nombreux pays, des organismes nationaux, tels que l'Association des Zoos et Aquariums (AZA) aux États-Unis, offrent des accréditations aux zoos qui répondent à des critères rigoureux en matière de gestion, de soins aux animaux, et de programmes de conservation.
- **Directives de l'Union Européenne (UE)** : En Europe, les zoos doivent se conformer à la directive 1999/22/CE relative à la garde d'animaux sauvages dans les zoos, qui fixe des obligations en termes de

conservation, de bien-être animal, et
d'éducation.

- **Normes éthiques et
  environnementales** : De plus en
  plus, les zoos adoptent des codes
  éthiques internes qui vont au-delà
  des exigences légales. Ces normes
  incluent l'enrichissement des
  habitats, la minimisation de l'impact
  environnemental, et la promotion de
  la recherche scientifique.

C. Gestion et financement des zoos

La gestion des zoos est une entreprise
complexe qui nécessite un équilibre délicat
entre objectifs de conservation, éducation,
et viabilité économique. Les modèles de
financement des zoos varient
considérablement selon leur localisation,
leur taille, et leur mission.

- **Sources de financement** :
  - **Billetterie et abonnements** :
    Les revenus des visiteurs,
    sous forme de billets d'entrée

ou d'abonnements annuels, constituent souvent la principale source de financement des zoos.

- **Subventions publiques** : De nombreux zoos reçoivent des financements publics, qu'ils soient municipaux, régionaux ou nationaux. Ces subventions sont particulièrement cruciales pour les zoos à vocation scientifique ou pour ceux situés dans des zones à faible affluence touristique.
- **Dons et mécénat** : Les contributions de particuliers, d'entreprises, et de fondations jouent un rôle important dans le financement de projets spécifiques, comme la construction de nouveaux habitats ou la participation à des programmes de conservation.
- **Boutiques, restaurants et événements spéciaux** : Les zoos génèrent également des revenus par la vente de produits dérivés, la restauration sur place, et

l'organisation d'événements tels que des conférences, des visites privées, ou des soirées thématiques.

- **Gestion opérationnelle** :
  - **Conservation des coûts et gestion durable** : Les zoos modernes doivent concilier l'entretien des installations, le soin des animaux, et la gestion durable des ressources. Cela inclut des stratégies pour réduire la consommation d'énergie, l'utilisation d'eau, et les déchets.
  - **Équipe multidisciplinaire** : La gestion d'un zoo implique une diversité de métiers, allant des soigneurs d'animaux aux vétérinaires, en passant par les éducateurs, les spécialistes de la conservation, et les gestionnaires financiers. Cette diversité de compétences est essentielle pour assurer le bon fonctionnement de l'institution.
  - **Innovation et recherche** : De plus en plus de zoos

investissent dans la recherche et l'innovation pour améliorer les conditions de vie des animaux et développer de nouvelles méthodes de conservation. Cela peut inclure la collaboration avec des universités, la participation à des programmes internationaux, ou l'adoption de nouvelles technologies, comme les systèmes de suivi et de surveillance des animaux.

- **Défis et perspectives** :
  - **Pressions financières** : Les zoos sont confrontés à des pressions financières croissantes, en raison des coûts élevés de gestion et des attentes accrues en matière de bien-être animal. Ils doivent constamment innover pour attirer de nouveaux visiteurs tout en respectant des normes éthiques de plus en plus strictes.
  - **Adaptation aux attentes sociétales** : Les zoos doivent s'adapter à une société de plus en plus sensibilisée aux

questions éthiques et environnementales. Cela implique de repenser la manière dont les animaux sont présentés, d'améliorer les infrastructures, et d'intensifier les efforts en matière de conservation et d'éducation.

En somme, les zoos modernes sont des institutions en constante évolution, confrontées à des défis complexes qui nécessitent une gestion rigoureuse et une vision claire de leur rôle dans la société. Leurs fondements, qu'ils soient juridiques, éthiques ou financiers, constituent les bases sur lesquelles ils peuvent continuer à évoluer pour répondre aux attentes du 21e siècle.

II. Arguments en faveur des zoos

A. Conservation des espèces menacées

Les zoos jouent un rôle crucial dans la préservation des espèces en danger d'extinction. Face à la destruction massive des habitats naturels, à la chasse illégale et au changement climatique, de nombreuses espèces animales sont aujourd'hui menacées. Les zoos se positionnent comme des sanctuaires où ces espèces peuvent être protégées, étudiées, et, dans certains cas, reproduites en vue d'une réintroduction éventuelle dans leur milieu naturel.

- **Programmes de reproduction en captivité** : Les zoos participent activement à des programmes de reproduction en captivité pour les espèces en voie de disparition. Ces programmes sont souvent coordonnés à l'échelle mondiale, permettant un échange d'animaux entre institutions pour maintenir une diversité génétique saine, essentielle à la survie à long terme des espèces. Un exemple notable est celui du panda géant, dont la population a été partiellement restaurée grâce aux efforts coordonnés des zoos.

- **Banques de gènes et préservation génétique** : En complément de la reproduction en captivité, les zoos investissent dans la conservation génétique à travers la création de banques de gènes. Ces ressources génétiques peuvent être utilisées pour prévenir la consanguinité et pour maintenir la variabilité génétique au sein des populations captives, augmentant ainsi les chances de survie des espèces sur le long terme.

- **Réintroduction dans la nature** : Les succès en matière de réintroduction dans la nature témoignent de l'importance des zoos dans la conservation. Des espèces comme le cheval de Przewalski et le condor de Californie ont été réintroduites dans leurs habitats naturels grâce aux efforts soutenus des zoos, marquant des étapes significatives dans la lutte contre l'extinction.

B. Recherche scientifique et avancées vétérinaires

Les zoos sont des centres de recherche de premier plan, contribuant de manière significative à notre compréhension de la faune et à l'avancement des sciences vétérinaires. Les connaissances acquises dans ces établissements bénéficient non seulement aux animaux en captivité, mais aussi à ceux vivant dans la nature.

- **Études comportementales et écologiques** : Les zoos offrent une opportunité unique pour les chercheurs d'observer le comportement animal dans un environnement contrôlé. Ces études permettent de mieux comprendre les besoins spécifiques des espèces, leur comportement social, leurs régimes alimentaires, et leurs réponses aux stimuli environnementaux. Ces connaissances peuvent ensuite être appliquées à la gestion des populations animales à l'état sauvage.

- **Recherche sur la reproduction et la génétique** : Les zoos sont à la pointe de la recherche sur la reproduction animale, y compris la recherche sur les cycles de reproduction, les techniques d'insémination artificielle, et la gestion de la diversité génétique. Les avancées dans ce domaine ont permis d'améliorer les taux de reproduction de nombreuses espèces en captivité.
- **Avancées vétérinaires** : Les zoos jouent un rôle crucial dans le développement de nouvelles techniques vétérinaires et de traitements pour les maladies animales. Les vétérinaires spécialisés travaillant dans les zoos développent des protocoles de soins innovants qui sont ensuite partagés avec d'autres établissements et appliqués aux populations animales sauvages.
- **Contribution à la science mondiale** : Les zoos collaborent avec des

universités et des instituts de recherche à travers le monde, contribuant à la production de données précieuses pour la science. Les études réalisées en zoo sont souvent publiées dans des revues scientifiques de renommée internationale, renforçant la compréhension globale de la biodiversité.

C. Éducation du public à la biodiversité

L'un des rôles les plus importants des zoos est l'éducation du public. En offrant une rencontre directe avec des espèces souvent méconnues ou inaccessibles, les zoos suscitent l'intérêt pour la biodiversité et sensibilisent le public aux enjeux écologiques.

- **Programmes éducatifs structurés** : De nombreux zoos proposent des programmes éducatifs structurés, destinés aux enfants comme aux adultes. Ces programmes, qui incluent des visites guidées, des ateliers interactifs et des conférences, permettent de transmettre des connaissances sur les animaux, leurs habitats, et les menaces auxquelles ils sont confrontés.

- **Plaques explicatives et supports pédagogiques** : Les zoos fournissent des informations éducatives via des plaques explicatives situées près des enclos, des brochures, et des expositions interactives. Ces supports pédagogiques aident les visiteurs à comprendre les caractéristiques des différentes espèces, leur écologie, et l'importance de leur conservation.
- **Engagement auprès des écoles** : Les zoos travaillent en étroite collaboration avec les établissements scolaires pour offrir des excursions éducatives. Ces sorties permettent aux élèves d'apprendre de manière immersive et de développer une appréciation directe pour la biodiversité, favorisant une prise de conscience écologique dès le plus jeune âge.
- **Événements spéciaux et conférences** : Les zoos organisent

régulièrement des événements spéciaux, tels que la Journée mondiale des animaux ou des conférences sur la conservation, qui attirent un large public et permettent de sensibiliser sur des thèmes spécifiques liés à la biodiversité et à la protection de l'environnement.

D. Sensibilisation à la protection de l'environnement

Au-delà de l'éducation, les zoos jouent un rôle clé dans la sensibilisation à la protection de l'environnement. Ils servent de plateformes pour promouvoir des actions concrètes en faveur de la conservation de la nature et encouragent le public à adopter des comportements écologiquement responsables.

- **Campagnes de sensibilisation** : Les zoos lancent régulièrement des campagnes de sensibilisation sur des thèmes environnementaux urgents, tels que la déforestation, la pollution plastique, ou la crise de la biodiversité. Ces campagnes visent à informer le public sur les menaces globales auxquelles sont confrontés les écosystèmes et à encourager des actions positives.

- **Partenariats avec des ONG et des initiatives de conservation** : De nombreux zoos s'associent à des organisations non gouvernementales et à des initiatives de conservation pour soutenir des projets de protection de la nature. Ces partenariats permettent de financer des programmes de conservation in situ et d'impliquer le public dans des efforts de préservation concrets.
- **Programmes de développement durable** : Les zoos modernes intègrent des pratiques de développement durable dans leur gestion quotidienne. Ils sensibilisent le public à l'importance de ces pratiques en mettant en avant des initiatives telles que le recyclage, l'utilisation d'énergies renouvelables, et la réduction de l'empreinte carbone. Ces efforts montrent l'exemple et inspirent les visiteurs à adopter des modes de vie plus durables.

- **Promotion de la biodiversité locale** : En plus de présenter des espèces exotiques, les zoos mettent souvent en avant la faune locale, sensibilisant ainsi le public à l'importance de protéger les espèces qui vivent à proximité de leur propre communauté. Cela renforce le lien entre les visiteurs et leur environnement immédiat, encourageant la conservation à une échelle locale.

E. Loisir et contact avec la nature pour le public urbain

Les zoos offrent un espace unique où les habitants des zones urbaines peuvent se reconnecter avec la nature. En tant que lieux de loisirs, ils permettent aux visiteurs de s'évader de la routine urbaine et de redécouvrir la richesse du monde animal.

- **Évasion urbaine** : Pour de nombreuses personnes vivant en milieu urbain, le zoo représente l'une des rares occasions de voir des animaux sauvages de près. Il offre un cadre naturel au cœur de la ville, permettant aux visiteurs de s'immerger dans des environnements recréés qui simulent les habitats naturels des animaux.

- **Bien-être psychologique** : Les visites au zoo peuvent avoir des effets bénéfiques sur le bien-être psychologique des visiteurs. Le contact avec la nature et les animaux a été associé à une réduction du stress, à une amélioration de l'humeur, et à une augmentation du sentiment de bien-être général. Les zoos servent donc non seulement d'espaces éducatifs, mais aussi de refuges pour le bien-être mental des individus.
- **Activités récréatives et familiales** : Les zoos sont des destinations populaires pour les sorties familiales, offrant une multitude d'activités récréatives pour tous les âges. Des aires de jeux, des spectacles d'animaux, et des parcours interactifs rendent la visite au zoo à la fois éducative et divertissante, renforçant les liens familiaux et créant des souvenirs partagés.

- **Contribution à la cohésion sociale** : En tant qu'espaces publics, les zoos jouent également un rôle dans la cohésion sociale. Ils attirent une diversité de visiteurs, favorisant les échanges culturels et le partage d'expériences autour de l'appréciation commune de la nature. Les zoos peuvent ainsi contribuer à renforcer le tissu social en réunissant des individus de différentes origines autour d'un intérêt commun pour la faune.

En conclusion, les arguments en faveur des zoos soulignent leur rôle multifonctionnel en tant que centres de conservation, d'éducation, et de bien-être social. Ils illustrent comment ces institutions, malgré les critiques, continuent de remplir des fonctions vitales dans une société de plus en plus urbanisée et confrontée à des défis environnementaux majeurs.

III. Arguments contre les zoos

A. Bien-être animal et stress en captivité

L'une des principales critiques adressées aux zoos concerne le bien-être des animaux en captivité. Les conditions de vie dans un zoo, même les mieux intentionnées, ne peuvent reproduire fidèlement les complexités des habitats naturels, ce qui peut avoir des effets négatifs sur la santé physique et psychologique des animaux.

- **Stress chronique** : Les animaux captifs sont souvent soumis à un stress chronique dû à divers facteurs comme le manque de liberté, l'impossibilité de se comporter naturellement, et l'exposition constante au public. Ce stress peut se manifester par des signes de mal-être tels que l'agitation, la léthargie, ou encore des comportements stéréotypés, qui sont des mouvements répétitifs et sans but, révélateurs d'une profonde détresse.

- **Manque de stimulation mentale** : Contrairement aux animaux sauvages, qui doivent constamment chercher leur nourriture, éviter les prédateurs, et interagir avec d'autres membres de leur espèce, les animaux en captivité sont souvent privés de ces stimuli. Ce manque de défis mentaux peut entraîner de l'ennui, de la frustration, et un appauvrissement des comportements naturels.
- **Stress lié à l'exposition au public** : L'exposition constante aux visiteurs peut être une source importante de stress pour les animaux. Le bruit, les mouvements brusques, et la proximité humaine perturbent leur tranquillité, ce qui peut exacerber leur anxiété et aggraver les comportements anormaux.

B. Espace limité et environnements artificiels

Les zoos, malgré leurs efforts pour créer des enclos spacieux et bien conçus, ne peuvent pas offrir l'étendue d'espace dont les animaux disposent dans la nature. Les environnements artificiels ne reproduisent pas fidèlement les conditions naturelles, ce qui peut avoir des conséquences sur le bien-être des animaux.

- **Espaces restreints** : De nombreux animaux, en particulier les grands mammifères comme les éléphants ou les félins, ont besoin de vastes territoires pour explorer, chasser, et interagir avec leur environnement. Les enclos des zoos, même les plus grands, sont souvent insuffisants pour répondre à ces besoins, limitant leur capacité à exprimer des comportements naturels et vitaux.
- **Représentation inadéquate des habitats naturels** : Bien que les zoos tentent de recréer les habitats naturels des animaux, ces environnements restent artificiels. Les climats, la végétation, et les interactions écologiques complexes

ne peuvent être complètement reproduits, ce qui peut entraîner un déséquilibre dans le comportement et la santé des animaux captifs.

- **Manque de diversité environnementale** : Les environnements des zoos manquent souvent de la diversité et de la richesse que les animaux trouvent dans la nature. Par exemple, les oiseaux migrateurs sont privés de la possibilité de migrer, les animaux aquatiques peuvent être confinés dans des bassins trop petits, et les prédateurs ne peuvent pas chasser leurs proies de manière naturelle. Ces limitations affectent directement le bien-être des animaux et leur qualité de vie.

C. Comportements anormaux et problèmes de santé des animaux

La vie en captivité peut entraîner des comportements anormaux chez les animaux, ainsi que des problèmes de santé spécifiques qui sont rarement observés chez leurs homologues sauvages. Ces comportements et problèmes sont souvent des indicateurs de détresse ou de conditions de vie inadéquates.

- **Comportements stéréotypés** : Les comportements stéréotypés, comme tourner en rond, se balancer d'avant en arrière, ou mordiller les barreaux de leur enclos, sont fréquents chez les animaux captifs. Ces comportements sont généralement interprétés comme des signes de stress extrême ou d'ennui et montrent l'incapacité des zoos à répondre aux besoins comportementaux des animaux.
- **Obésité et maladies métaboliques** : En captivité, les animaux ne peuvent pas toujours dépenser l'énergie qu'ils accumulent, ce qui peut conduire à des problèmes de santé tels que l'obésité, le diabète, et d'autres maladies métaboliques. Les régimes alimentaires contrôlés et la sédentarité imposée par l'espace limité exacerbent ces problèmes.
- **Problèmes de reproduction** : Certains animaux captifs développent des problèmes reproductifs, en partie à cause du

stress, du manque d'interactions sociales normales, ou de la consanguinité due à des populations captives limitées. Ces problèmes peuvent réduire la viabilité des populations en captivité et remettre en question l'efficacité des programmes de conservation.

D. Questionnements éthiques sur l'exhibition d'animaux

Les zoos soulèvent des questions éthiques concernant le droit de l'homme à capturer et à exposer des animaux pour le divertissement ou l'éducation. Ces préoccupations éthiques sont de plus en plus prises en compte par les défenseurs des droits des animaux et par le public.

- **Moralité de la captivité** : La question fondamentale de la moralité de la captivité réside dans le fait de savoir si les humains ont le droit de priver les animaux de leur liberté pour les confiner dans des environnements artificiels. Beaucoup soutiennent que la captivité, même pour des raisons de conservation ou d'éducation, ne peut être justifiée si elle cause de la souffrance aux animaux.

- **Exploitation pour le divertissement** : L'idée que les animaux sont exploités pour le divertissement humain est une critique fréquente des zoos. L'exhibition d'animaux sauvages, souvent en dehors de leur contexte naturel, peut être perçue comme une forme d'exploitation qui ne respecte pas la dignité de ces êtres vivants.
- **Conflit avec les droits des animaux** : Les droits des animaux prônent la reconnaissance du droit des animaux à vivre sans souffrance et à ne pas être utilisés pour des objectifs humains. Les zoos, en tant qu'institutions qui détiennent des animaux pour l'éducation et le loisir, se trouvent en conflit direct avec ces principes éthiques.

E. Accidents et risques pour la sécurité publique

Les zoos présentent également des risques pour la sécurité des visiteurs, du personnel, et des animaux eux-mêmes. Bien que les incidents graves soient rares, ils soulèvent des questions sur la sécurité et la gestion des animaux sauvages en captivité.

- **Évasions d'animaux** : Il arrive que des animaux parviennent à s'échapper de leurs enclos, mettant en danger la sécurité des visiteurs et du personnel. Ces évasions, bien que peu fréquentes, peuvent entraîner des situations dangereuses qui nécessitent des interventions d'urgence, parfois tragiques pour les animaux impliqués.
- **Accidents avec les visiteurs** : Les interactions entre les animaux et les visiteurs ne sont pas sans risques. Les animaux peuvent réagir de manière imprévisible, notamment en cas de provocation ou de stress, ce qui peut entraîner des blessures graves. Ces incidents soulèvent des préoccupations sur l'équilibre entre

l'accès public aux animaux et la sécurité.

- **Risques pour le personnel** : Travailler avec des animaux sauvages présente des dangers inhérents pour le personnel des zoos. Les gardiens d'animaux et les vétérinaires sont exposés à des risques accrus de blessures ou d'infections zoonotiques, ce qui met en lumière les défis de la gestion quotidienne des animaux captifs.
- **Impact des catastrophes naturelles** : Les catastrophes naturelles comme les tempêtes, les tremblements de terre, ou les incendies peuvent gravement affecter les zoos, mettant en danger la vie des animaux et du personnel, ainsi que celle des populations environnantes si des animaux dangereux s'échappent.

En conclusion, les arguments contre les zoos soulignent les nombreux défis et dilemmes éthiques associés à la détention d'animaux en captivité. Ils mettent en lumière les tensions entre les objectifs de conservation, d'éducation, et de bien-être animal, et questionnent la légitimité de maintenir ces institutions à une époque où

la sensibilité envers les droits des animaux
est en pleine évolution.

IV. Impact sur la conservation

A. Programmes de reproduction en captivité

Les zoos jouent un rôle central dans les programmes de reproduction en captivité, visant à maintenir et à accroître les populations d'espèces menacées. Ces initiatives sont particulièrement cruciales pour les espèces dont les habitats naturels sont en déclin ou celles qui font face à des menaces immédiates telles que le braconnage ou la perte de diversité génétique.

- **Préservation des espèces menacées** : Les programmes de reproduction en captivité permettent de préserver des espèces dont les populations sauvages sont réduites à un nombre critique. En reproduisant ces espèces dans des environnements contrôlés, les zoos contribuent à maintenir un réservoir génétique, évitant ainsi l'extinction totale.

- **Gestion de la diversité génétique** : L'une des priorités de ces programmes est de préserver la diversité génétique au sein des populations captives. En évitant la consanguinité, les zoos s'efforcent de garantir la viabilité des populations, ce qui est essentiel pour le succès éventuel des réintroductions dans la nature.
- **Collaboration internationale** : De nombreux zoos participent à des réseaux mondiaux de conservation, partageant leurs ressources et leurs connaissances pour coordonner les efforts de reproduction. Ces collaborations internationales augmentent les chances de succès des programmes de reproduction, en permettant un échange d'animaux entre institutions et une gestion optimisée des populations captives.

B. Réintroduction d'espèces dans la nature

La réintroduction d'espèces nées en captivité dans leur habitat naturel est un objectif clé pour les zoos engagés dans la conservation. Cependant, ce processus est complexe et nécessite une planification rigoureuse pour maximiser les chances de succès.

- **Préparation des animaux à la vie sauvage** : Avant toute réintroduction, les animaux doivent être préparés pour survivre dans la nature. Cela inclut l'apprentissage des techniques de chasse, de recherche de nourriture, et de défense contre les prédateurs. Les zoos développent des programmes spécifiques pour enseigner ces compétences aux animaux captifs.
- **Évaluation des habitats** : Les zoos et les organisations partenaires doivent identifier des habitats naturels appropriés pour la réintroduction des espèces. Ces environnements doivent offrir suffisamment de ressources, être exempts de menaces humaines

immédiates, et posséder une population locale capable d'accueillir de nouveaux membres sans compromettre l'écosystème.

- **Surveillance post-réintroduction** : Une fois les animaux réintroduits, ils font l'objet d'une surveillance étroite pour évaluer leur adaptation à l'environnement naturel. Les chercheurs observent les comportements, les taux de survie, et la reproduction des individus réintroduits, ajustant les stratégies si nécessaire pour améliorer les résultats futurs.

C. Efficacité réelle des zoos dans la préservation de la biodiversité

Malgré les efforts significatifs des zoos dans la conservation des espèces, leur efficacité réelle en tant qu'outil de préservation de la biodiversité est souvent débattue. Plusieurs facteurs influencent la mesure de leur succès.

- **Taux de succès limité** : Le nombre d'espèces menacées bénéficiant directement des programmes de conservation en captivité est relativement restreint. Seules certaines espèces, principalement celles qui sont charismatiques ou dont la situation est critique, bénéficient des ressources considérables nécessaires pour la reproduction en captivité et la réintroduction.
- **Focus sur les espèces emblématiques** : Les zoos tendent à se concentrer sur les espèces emblématiques, souvent à grande valeur médiatique, laissant de côté d'autres espèces moins connues mais tout aussi en danger. Cette sélection subjective limite l'impact global des zoos sur la biodiversité.
- **Dépendance à l'égard de la captivité** : Pour certaines espèces, les populations captives deviennent parfois les seules populations viables, avec peu d'espoir de réintroduction dans des habitats naturels en déclin. Cela crée une dépendance à long terme aux zoos, qui agissent alors plus comme des

sanctuaires que comme des institutions de réintroduction.

D. Comparaison avec d'autres méthodes de conservation

Les zoos ne sont qu'une des nombreuses stratégies de conservation disponibles. Comparer leur efficacité avec d'autres méthodes de conservation permet d'évaluer où et comment les ressources devraient être allouées pour maximiser la préservation de la biodiversité.

- **Conservation in situ** : La conservation in situ, ou la protection des espèces dans leur habitat naturel, est souvent considérée comme la méthode la plus efficace pour préserver la biodiversité. Elle vise à protéger non seulement les espèces, mais aussi les écosystèmes entiers et les interactions complexes qui s'y déroulent. Cette approche est plus durable à long terme, car elle maintient l'équilibre écologique tout en protégeant les espèces dans leur contexte naturel.

- **Réserves naturelles et parcs nationaux** : Les réserves naturelles et les parcs nationaux sont des outils cruciaux pour la conservation in situ. En protégeant de vastes zones de terres contre l'exploitation humaine, ces espaces permettent aux espèces de prospérer dans un environnement naturel. Contrairement aux zoos, ces espaces offrent un refuge pour une plus grande diversité d'espèces et favorisent la résilience des écosystèmes.

- **Programmes communautaires et conservation participative** : Impliquer les communautés locales dans les efforts de conservation est une approche de plus en plus reconnue pour sa durabilité. Les programmes qui engagent les populations locales dans la gestion des ressources naturelles et la protection de la faune encouragent une conservation plus durable. Cette méthode valorise les savoirs traditionnels et crée un sentiment de responsabilité partagée, contrairement à l'approche plus centralisée des zoos.

- **Bancs de semences et banques génétiques** : Ces institutions conservent les ressources génétiques de diverses espèces végétales et animales pour les protéger contre l'extinction. Bien que les zoos jouent un rôle similaire pour les espèces animales, les banques génétiques offrent une solution complémentaire en préservant les ressources génétiques qui pourraient un jour être utilisées pour la restauration d'écosystèmes entiers.

En conclusion, si les zoos contribuent à la conservation, notamment à travers la reproduction en captivité et certaines réintroductions, leur impact global reste limité en comparaison avec d'autres méthodes de conservation in situ. Une approche intégrée, combinant les forces des zoos avec des efforts de protection des habitats naturels, semble être la stratégie la plus prometteuse pour préserver la biodiversité mondiale à long terme.

V. Dimension éducative et culturelle

A. Rôle des zoos dans l'éducation environnementale

Les zoos occupent une position unique en matière d'éducation environnementale, permettant aux visiteurs de découvrir des espèces animales du monde entier dans un cadre relativement accessible. Leur capacité à sensibiliser le public aux enjeux environnementaux est un argument souvent avancé par les défenseurs des zoos.

- **Contact direct avec la faune** : Les zoos offrent une expérience d'apprentissage immersive, où les visiteurs peuvent voir de près des animaux qu'ils n'auraient probablement jamais l'occasion de rencontrer autrement. Ce contact direct suscite la curiosité et incite les visiteurs, en particulier les enfants, à s'intéresser davantage à la faune et à la conservation.

- **Programmes pédagogiques** : De nombreux zoos développent des programmes éducatifs adaptés à différents publics, des jeunes enfants aux adultes. Ces programmes incluent des visites guidées, des ateliers interactifs, des conférences, et des démonstrations, permettant d'enseigner des concepts clés tels que la biodiversité, les écosystèmes, et les menaces qui pèsent sur la faune.
- **Sensibilisation à la conservation** : Les zoos mettent souvent en avant leur rôle dans la conservation des espèces menacées, intégrant ces messages dans leurs parcours pédagogiques. Ils présentent des espèces en danger et expliquent les efforts déployés pour les protéger, sensibilisant ainsi le public à l'importance de la conservation et à la nécessité de protéger les habitats naturels.
- **Éducation sur la biodiversité** : En exposant une grande diversité d'espèces, les zoos peuvent montrer la richesse de la biodiversité mondiale. Cette exposition permet de

démontrer l'interdépendance des espèces et des écosystèmes, tout en soulignant les impacts de la perte de biodiversité sur l'environnement global.

B. Impact sur la perception publique des animaux

Les zoos jouent un rôle important dans la manière dont le public perçoit les animaux, influençant les attitudes et les comportements vis-à-vis de la faune et de la nature en général.

- **Humanisation des animaux** : En observant les animaux de près, les visiteurs des zoos peuvent développer un sentiment d'empathie envers eux. Cette proximité contribue à renforcer la perception des animaux comme des êtres sensibles, capables de ressentir des émotions, ce qui peut encourager un comportement plus respectueux et responsable envers la faune.

- **Stéréotypes et représentations** : Toutefois, les zoos peuvent également contribuer à des perceptions simplifiées ou erronées des animaux. Les environnements artificiels et les comportements anormaux observés en captivité peuvent donner une image fausse des espèces, les réduisant à des objets de divertissement plutôt qu'à des êtres vivants complexes avec des besoins spécifiques.

- **Éducation sur les comportements naturels** : Les zoos ont la responsabilité d'éduquer le public sur les comportements naturels des animaux, même lorsque ces comportements ne sont pas visibles en captivité. En expliquant pourquoi certains comportements ne se manifestent pas en zoo, ou en montrant des vidéos de ces comportements dans la nature, les zoos peuvent corriger les perceptions erronées et enrichir la compréhension des visiteurs.

- **Influence sur les choix de vie** : Les visites au zoo peuvent inspirer des choix de vie plus écologiques. En sensibilisant les visiteurs aux enjeux environnementaux, comme la déforestation, le commerce illégal d'animaux ou le changement climatique, les zoos peuvent encourager des actions concrètes, telles que soutenir des causes environnementales, réduire leur consommation de produits nuisibles à l'environnement, ou s'engager dans des pratiques de conservation.

C. Alternatives éducatives (documentaires, réalité virtuelle, etc.)

Avec l'avènement des nouvelles technologies, plusieurs alternatives aux zoos traditionnels émergent, offrant des moyens innovants et potentiellement plus éthiques d'éduquer le public sur la faune et la conservation.

- **Documentaires animaliers** : Les documentaires sont une alternative puissante pour sensibiliser le public à la vie sauvage et aux enjeux environnementaux. Grâce à des images captivantes et des récits bien construits, les documentaires permettent d'explorer des habitats lointains et de découvrir des comportements animaux dans leur environnement naturel, souvent avec un impact émotionnel fort qui peut conduire à une prise de conscience.

- **Réalité virtuelle et augmentée** : La réalité virtuelle (VR) et la réalité augmentée (AR) offrent des expériences immersives permettant aux utilisateurs d'explorer des environnements naturels et d'interagir avec des animaux virtuels de manière éthique et sans perturber la faune sauvage. Ces technologies peuvent recréer des écosystèmes entiers, offrant une vision plus complète et authentique des interactions entre les espèces et leur habitat.

- **Expositions interactives et musées** : Les musées d'histoire naturelle et les expositions interactives proposent également des alternatives éducatives riches. Grâce à des dioramas, des modèles, des fossiles, et des animations numériques, les visiteurs peuvent apprendre sur la faune et les écosystèmes sans la nécessité de garder des animaux en captivité. Ces institutions offrent souvent une approche plus approfondie et scientifique de la compréhension du monde naturel.

- **Applications éducatives et jeux vidéo** : De plus en plus d'applications et de jeux vidéo éducatifs sont développés pour sensibiliser les jeunes générations à la biodiversité et à la conservation. Ces outils, souvent ludifiés, permettent aux utilisateurs d'apprendre en s'amusant, tout en développant un intérêt pour la protection de la nature.
- **Parcs naturels et réserves** : Les visites dans des parcs naturels et des réserves protégées offrent une alternative plus authentique et respectueuse de l'environnement que les zoos. Les visiteurs peuvent observer les animaux dans leur habitat naturel, comprendre les dynamiques écologiques complexes, et expérimenter une connexion plus profonde avec la nature. Cette approche encourage une perception plus réaliste et respectueuse des animaux sauvages.

En conclusion, bien que les zoos continuent de jouer un rôle significatif dans l'éducation environnementale, les alternatives émergentes offrent des perspectives intéressantes pour compléter ou remplacer certaines fonctions éducatives des zoos. Ces nouvelles méthodes, alliant technologie et pédagogie, peuvent potentiellement atteindre un public plus large tout en réduisant les problématiques éthiques associées à la captivité animale.

VI. Aspects économiques et touristiques

A. Contribution à l'économie locale

Les zoos jouent un rôle significatif dans l'économie locale, en agissant comme des pôles d'attraction pour les visiteurs, en générant des revenus pour les communautés environnantes, et en stimulant divers secteurs économiques.

- **Attraction touristique majeure** : Les zoos attirent des millions de visiteurs chaque année, faisant d'eux des destinations populaires dans de nombreuses villes. Ce flux constant de visiteurs génère des revenus substantiels non seulement pour les zoos eux-mêmes, mais aussi pour les entreprises locales, comme les hôtels, les restaurants, les commerces, et les services de transport. Le tourisme animalier, concentré autour des zoos, contribue ainsi directement à la vitalité économique des zones environnantes.

- **Revenus fiscaux pour la municipalité** : Les zoos génèrent également des revenus pour les municipalités sous forme de taxes. Les taxes sur les ventes de billets, les produits dérivés, les activités annexes, et les revenus des commerces locaux profitent directement aux finances publiques locales. Ces revenus peuvent ensuite être réinvestis dans des infrastructures ou des services publics, renforçant encore l'impact positif des zoos sur l'économie locale.
- **Partenariats avec les entreprises locales** : Les zoos établissent souvent des partenariats avec des entreprises locales pour l'approvisionnement en biens et services, allant de la nourriture pour les animaux aux services de construction et d'entretien. Ces collaborations renforcent les liens économiques locaux et permettent

aux petites et moyennes entreprises de prospérer en bénéficiant de contrats réguliers et stables.

- **Événements spéciaux et activités saisonnières** : Les zoos organisent régulièrement des événements spéciaux, tels que des expositions temporaires, des festivals, et des programmes éducatifs. Ces événements attirent des visiteurs supplémentaires, augmentant ainsi les dépenses locales et contribuant à la dynamisation de l'économie, en particulier pendant les saisons touristiques ou les périodes de vacances.

B. Emplois et formation professionnelle

Les zoos sont également des employeurs importants, offrant une variété d'emplois directs et indirects qui contribuent au développement des compétences locales et au renforcement du marché du travail.

- **Création d'emplois directs** : Les zoos emploient une main-d'œuvre diversifiée, allant des gardiens d'animaux aux experts vétérinaires, en passant par les éducateurs, les gestionnaires de la conservation, et les personnels administratifs. Ces emplois offrent des opportunités de carrière dans des domaines spécialisés, notamment la zoologie, la biologie, et la conservation, souvent difficilement accessibles ailleurs. De plus, les emplois dans les zoos sont souvent des postes stables, offrant des salaires compétitifs et des opportunités de développement professionnel.

- **Formation et développement des compétences** : Les zoos jouent un rôle crucial dans la formation professionnelle, en offrant des stages, des programmes d'apprentissage, et des formations continues pour le personnel. Ces programmes permettent aux employés d'acquérir des compétences spécialisées, tant sur le plan pratique que théorique, et de se perfectionner dans des domaines spécifiques tels que la gestion des espèces menacées, les soins vétérinaires avancés, ou l'éducation environnementale.

- **Emplois indirects et soutien aux industries locales** : En plus des emplois directs, les zoos créent des emplois indirects en soutenant des industries locales telles que l'agriculture, la construction, la technologie, et les services. Les besoins en nourriture pour animaux, en matériaux de construction pour les enclos, en équipements techniques pour la gestion des infrastructures, et en services de marketing sont autant d'exemples d'activités économiques soutenues par les zoos. Ces industries bénéficient de la demande continue générée par les zoos, ce qui peut stabiliser et dynamiser les marchés locaux.
- **Impact sur le tourisme et les services** : Les zoos renforcent également l'attractivité des destinations touristiques, ce qui génère des emplois dans les secteurs de l'hôtellerie, de la restauration, des loisirs, et des services touristiques. Les guides touristiques, les agences de voyage, et les commerces liés au tourisme

profitent directement de l'afflux de visiteurs attirés par les zoos, stimulant ainsi l'économie locale à travers une offre élargie de services.

C. Enjeux du tourisme animalier

Le tourisme animalier, en tant que composante majeure du secteur touristique, présente des enjeux complexes qui influencent à la fois l'économie et la perception éthique des zoos.

- **Impact économique du tourisme animalier** : Le tourisme animalier représente une part importante du tourisme global, attirant des visiteurs intéressés par la découverte de la faune dans des environnements contrôlés. Ce secteur génère des revenus significatifs, tant pour les zoos que pour les économies locales. Toutefois, la dépendance excessive à ce type de tourisme peut poser des risques en cas de changements dans les tendances touristiques, les crises économiques, ou les préoccupations éthiques croissantes concernant la captivité animale.

- **Éthique et bien-être animal** : Les zoos doivent naviguer dans un paysage éthique de plus en plus complexe, où la demande pour des expériences respectueuses du bien-être animal augmente. Les pratiques de tourisme animalier qui mettent l'accent sur le divertissement au détriment du bien-être des animaux sont de plus en plus critiquées. Pour répondre à ces préoccupations, certains zoos ont commencé à repenser leurs pratiques, en mettant l'accent sur des expériences éducatives, transparentes, et axées sur la conservation, plutôt que sur des spectacles ou des interactions directes avec les animaux.

- **Évolution des attentes des visiteurs** : Les visiteurs sont de plus en plus conscients des enjeux éthiques liés au tourisme animalier, et leurs attentes évoluent en conséquence. Ils recherchent des expériences authentiques et informatives, qui mettent en valeur la conservation et l'éducation, plutôt que des attractions basées uniquement sur l'exhibition des animaux. Cette évolution pousse les zoos à adapter leurs offres, en intégrant des technologies immersives, des expositions interactives, et des programmes de sensibilisation.

- **Tourisme responsable et durable** : La montée du tourisme responsable influence également le secteur des zoos, les poussant à adopter des pratiques plus durables. Cela inclut la gestion responsable des ressources, la réduction de l'empreinte écologique des installations, et l'engagement dans des programmes de conservation locaux et globaux. Les zoos qui intègrent ces pratiques peuvent non seulement attirer un public plus conscient, mais aussi jouer un rôle de premier plan dans la promotion d'un tourisme durable qui respecte la nature et les animaux.

En résumé, les aspects économiques et touristiques des zoos révèlent leur double rôle en tant qu'acteurs économiques importants et en tant que lieux confrontés à des enjeux éthiques et de durabilité croissants. La contribution des zoos à l'économie locale, leur rôle dans la création d'emplois, et les défis du tourisme animalier sont autant de dimensions qui façonnent leur impact sur la société contemporaine.

VII. Évolutions et alternatives

A. Sanctuaires et réserves naturelles

Les sanctuaires et réserves naturelles représentent une alternative croissante aux zoos traditionnels, offrant des espaces plus vastes et plus naturels pour les animaux, tout en poursuivant des objectifs de conservation et d'éducation.

- **Espaces plus vastes et naturels** : Contrairement aux zoos, qui souvent limitent les animaux à des enclos relativement restreints, les sanctuaires et réserves naturelles offrent des habitats beaucoup plus grands, imitant plus fidèlement les conditions de vie naturelles des espèces. Ces espaces permettent aux animaux de vivre dans des environnements plus proches de ceux où ils évolueraient à l'état sauvage, favorisant ainsi des comportements plus naturels et réduisant le stress lié à la captivité.

- **Approche éthique et respect du bien-être animal** : Les sanctuaires sont généralement créés avec un engagement fort en faveur du bien-être animal. Les animaux qui y résident sont souvent des rescapés de conditions de vie difficiles, tels que ceux sauvés du trafic illégal ou de mauvais traitements. Ces établissements mettent l'accent sur le respect des besoins physiologiques et psychologiques des animaux, et cherchent à leur offrir une vie aussi proche que possible de celle qu'ils auraient dans la nature.
- **Conservation et réhabilitation** : De nombreux sanctuaires participent activement à des programmes de conservation, incluant la réhabilitation et la réintroduction d'animaux dans des milieux naturels protégés. Ces efforts contribuent directement à la préservation des espèces menacées, tout en réduisant la nécessité de maintenir les animaux en captivité permanente. Les sanctuaires travaillent souvent

en collaboration avec des scientifiques, des vétérinaires, et des organisations de conservation pour développer des stratégies de réintroduction efficaces.

- **Éducation et sensibilisation** : Bien que moins accessibles que les zoos urbains, les sanctuaires et réserves naturelles jouent un rôle crucial dans l'éducation du public. Ils offrent des expériences immersives et authentiques, permettant aux visiteurs de comprendre les enjeux de la conservation et de prendre conscience de l'importance de protéger les habitats naturels. Ces lieux deviennent des centres d'apprentissage où l'accent est mis sur la connexion entre les humains et la nature, et sur la responsabilité de chacun dans la préservation de la biodiversité.

B. Zoos virtuels et technologies immersives

Les avancées technologiques ouvrent de nouvelles voies pour l'observation et l'interaction avec les animaux, réduisant la nécessité de les maintenir en captivité physique.

- **Expériences immersives sans captivité** : Les zoos virtuels utilisent des technologies telles que la réalité virtuelle (VR), la réalité augmentée (AR), et les vidéos en haute définition pour créer des expériences immersives où les visiteurs peuvent observer les animaux dans leurs habitats naturels sans les déraciner de ces environnements. Ces outils permettent une immersion totale, où l'on peut "voyager" virtuellement à travers le monde pour observer des animaux dans leur écosystème naturel, offrant une alternative éthique à la captivité.
- **Éducation interactive et ludique** : Les technologies immersives offrent des possibilités d'éducation interactive bien au-delà des simples panneaux d'information. Les visiteurs

peuvent apprendre sur les comportements, les habitats, et les menaces pesant sur les espèces par des simulations interactives, des documentaires immersifs, et des jeux éducatifs. Cette approche ludique capte l'attention des plus jeunes tout en transmettant des connaissances précieuses sur la biodiversité et la conservation.

- **Accessibilité accrue** : Les zoos virtuels rendent les expériences éducatives et immersives accessibles à un public beaucoup plus large. Il n'est plus nécessaire de se rendre physiquement dans un zoo pour vivre une expérience enrichissante avec les animaux. Les écoles, les familles, et les individus peuvent accéder à ces ressources depuis n'importe où, réduisant ainsi les coûts et les contraintes liées au déplacement.
- **Réduction de l'empreinte écologique** : Les zoos virtuels et autres technologies immersives contribuent également à la réduction de l'empreinte écologique associée à la maintenance des zoos physiques. Moins d'infrastructures sont nécessaires, et il n'y a pas de besoin

d'importer des animaux d'autres régions ou pays, ce qui diminue l'impact environnemental global. De plus, ces alternatives permettent de sensibiliser un public mondial sans les impacts négatifs de la captivité animale.

C. Amélioration des conditions de vie des animaux en captivité

Même dans les zoos traditionnels, des efforts sont déployés pour améliorer les conditions de vie des animaux, afin de répondre aux critiques croissantes concernant leur bien-être.

- **Conception d'enclos plus adaptés** : De nombreux zoos révisent la conception de leurs enclos pour mieux répondre aux besoins des animaux. Cela inclut l'augmentation de la taille des espaces, l'intégration de végétation naturelle, et la création d'environnements qui stimulent les comportements naturels des animaux. L'objectif est de minimiser le stress lié à la captivité en fournissant des habitats qui reproduisent autant que possible les conditions de vie sauvage.

- **Programmes d'enrichissement comportemental** : Les zoos introduisent des programmes d'enrichissement comportemental pour prévenir les comportements stéréotypés et les problèmes de santé mentale chez les animaux. Ces programmes incluent des activités qui stimulent l'intelligence et la curiosité des animaux, tels que des puzzles alimentaires, des jeux de recherche, et des interactions sociales contrôlées. L'enrichissement vise à maintenir les animaux mentalement actifs et à favoriser leur bien-être général.
- **Soins vétérinaires avancés** : L'amélioration des soins vétérinaires fait également partie des efforts pour assurer une meilleure qualité de vie aux animaux captifs. Des équipes vétérinaires spécialisées surveillent de près la santé des animaux, intervenant rapidement en cas de maladie ou de blessure. Des progrès

en médecine vétérinaire permettent de traiter des affections complexes et d'offrir des soins de longue durée qui prolongent la vie et améliorent le bien-être des animaux.

- **Transparence et implication du public** : Enfin, de plus en plus de zoos adoptent une approche transparente en partageant avec le public les efforts déployés pour améliorer les conditions de vie des animaux. Les visiteurs sont informés des initiatives en cours et des défis rencontrés, ce qui permet de créer une relation de confiance et d'encourager la participation à la conservation. Cette transparence renforce l'image des zoos en tant qu'institutions engagées dans le bien-être animal.

D. Rôle potentiel dans la dé-extinction d'espèces

Les zoos pourraient jouer un rôle crucial dans les projets de dé-extinction, une science émergente visant à ramener à la vie des espèces éteintes grâce à des avancées biotechnologiques.

- **Conservation de l'ADN et des échantillons génétiques** : Les zoos sont en première ligne dans la conservation de l'ADN et des échantillons génétiques d'espèces menacées ou éteintes. Grâce à des banques de gènes, les zoos contribuent à préserver le patrimoine génétique des espèces disparues, ce qui pourrait être crucial pour les futurs projets de dé-extinction. Ces échantillons offrent une base de données précieuse pour les scientifiques travaillant sur la réintroduction d'espèces éteintes.
- **Recherche en biotechnologie** : La dé-extinction repose sur des technologies avancées telles que le clonage, l'édition de gènes, et la biologie synthétique. Les zoos, en collaboration avec des laboratoires de recherche, peuvent participer à ces projets en fournissant des connaissances sur la biologie des espèces, en testant des techniques de reproduction en captivité, et en surveillant la santé et le comportement des animaux recréés.

Leur expertise en soins animaux et en gestion des populations captives est essentielle pour garantir le succès des projets de dé-extinction.

- **Réintroduction d'espèces recréées** : Les zoos pourraient également jouer un rôle clé dans la réintroduction d'espèces recréées dans la nature. En tant qu'institutions de conservation, les zoos possèdent les infrastructures et les connaissances nécessaires pour élever et préparer ces animaux à une vie sauvage. Ils pourraient servir de centres de formation et de transition pour les espèces recréées avant leur réintroduction dans des habitats naturels protégés.

- **Débat éthique et public** : Enfin, les zoos peuvent servir de plateforme pour le débat éthique entourant la dé-extinction. Ce processus soulève de nombreuses questions, notamment sur les implications pour les écosystèmes actuels, le bien-être des animaux recréés, et les priorités en matière de conservation. En engageant le public dans ces discussions, les zoos peuvent contribuer à façonner une approche responsable et réfléchie de la dé-extinction, qui prend en compte les considérations éthiques et écologiques.

En somme, les évolutions et alternatives aux zoos traditionnels ouvrent de nouvelles perspectives pour la conservation, l'éducation, et le bien-être animal. Qu'il s'agisse de sanctuaires, de technologies immersives, d'améliorations en captivité, ou de projets de dé-extinction, ces innovations offrent des solutions pour un avenir où la protection des animaux et de la biodiversité est renforcée.

VIII. Perspectives d'avenir

A. Adaptation des zoos aux préoccupations éthiques croissantes

Face à une prise de conscience accrue concernant le bien-être animal, les zoos se trouvent confrontés à la nécessité d'évoluer pour répondre aux préoccupations éthiques modernes.

- **Transition vers des modèles plus éthiques** : De plus en plus de zoos réévaluent leurs pratiques pour minimiser l'impact négatif de la captivité sur les animaux. Cela inclut la réduction du nombre d'espèces maintenues en captivité, en se concentrant sur celles dont la conservation est essentielle, et en améliorant les conditions de vie des animaux. Certains établissements envisagent de se transformer en sanctuaires ou en réserves pour offrir un environnement plus proche de celui de la nature.

- **Engagement envers la transparence** : Les zoos sont de plus en plus tenus de démontrer leur engagement envers le bien-être animal par des politiques de transparence. Cela passe par la communication ouverte sur les conditions de détention, les pratiques de gestion, et les résultats des programmes de conservation. La sensibilisation du public aux efforts déployés pour améliorer la qualité de vie des animaux en captivité est devenue un axe central pour les zoos qui souhaitent maintenir leur légitimité.

- **Réduction de la captivité à long terme** : La tendance à long terme pourrait être de réduire progressivement la captivité des animaux, en particulier pour les espèces qui souffrent le plus de cet environnement. Cela pourrait signifier une diminution du nombre d'espèces présentes dans les zoos, en se concentrant uniquement sur celles qui ne peuvent survivre autrement, ou une collaboration accrue avec des sanctuaires pour la transition des animaux vers des environnements plus naturels.

- **Participation au débat public** : Les zoos sont invités à jouer un rôle actif dans le débat public sur l'éthique animale, en participant à des discussions sur la légitimité de la captivité à des fins de divertissement, et sur la manière de concilier ces pratiques avec les attentes éthiques modernes. En engageant le public et les experts, les zoos peuvent contribuer à façonner une vision collective de leur futur rôle.

B. Équilibre entre conservation, éducation et bien-être animal

L'avenir des zoos dépendra de leur capacité à équilibrer les exigences parfois conflictuelles de la conservation, de l'éducation et du bien-être animal.

- **Conservation centrée sur les espèces menacées** : Les zoos devront concentrer leurs efforts de conservation sur les espèces les plus menacées, en alignant leurs programmes de reproduction en captivité et de recherche sur les besoins réels de la biodiversité mondiale. Cela nécessitera une priorisation des espèces pour lesquelles les zoos peuvent réellement faire une différence, et une collaboration accrue avec des initiatives de conservation in situ.
- **Programmes éducatifs innovants** : L'éducation reste un pilier fondamental des missions des zoos. À l'avenir, les zoos devront innover en matière de programmes éducatifs pour sensibiliser le public aux enjeux environnementaux et de conservation sans recourir exclusivement à l'exhibition d'animaux vivants. Cela peut inclure l'utilisation accrue de technologies immersives, de partenariats avec les écoles, et de contenus pédagogiques en ligne.
- **Bien-être animal renforcé** : L'amélioration continue du bien-être animal sera cruciale pour maintenir

la légitimité des zoos. Cela inclut la mise en œuvre de pratiques d'enrichissement environnemental, la réduction des pratiques invasives, et la révision des protocoles de soins pour répondre aux besoins spécifiques de chaque espèce. Les zoos devront également se doter d'une expertise vétérinaire de pointe pour assurer la santé physique et mentale des animaux.

- **Collaboration internationale** : L'équilibre entre ces trois missions nécessitera une coopération internationale plus étroite entre les zoos, les organisations de conservation, et les institutions éducatives. Le partage des meilleures pratiques, des données de recherche, et des ressources pourrait aider à optimiser les efforts de chaque établissement et à maximiser leur impact global.

C. Redéfinition du rôle des zoos dans un monde en mutation écologique

Le rôle des zoos doit être repensé pour répondre aux défis environnementaux du XXIe siècle, où les crises écologiques exigent des réponses nouvelles et adaptées.

- **Centres de conservation et de recherche** : Les zoos pourraient évoluer vers des centres de conservation et de recherche, où la préservation des espèces et des écosystèmes devient l'objectif principal. En tant qu'institutions scientifiques, les zoos peuvent contribuer à la recherche sur la biologie des espèces, le changement climatique, et les maladies émergentes, jouant un rôle crucial dans la réponse aux crises écologiques mondiales.
- **Hub de sensibilisation environnementale** : Dans un monde de plus en plus urbanisé et déconnecté de la nature, les zoos peuvent servir de hub pour la sensibilisation environnementale,

offrant aux visiteurs une opportunité unique de se reconnecter avec la nature et de comprendre les enjeux écologiques actuels. Cela passe par l'organisation d'expositions interactives, de conférences, et de programmes communautaires qui engagent les visiteurs sur les questions de conservation et de durabilité.

- **Engagement dans la restauration des habitats** : Les zoos pourraient également jouer un rôle dans la restauration des habitats naturels, en participant à des projets de reforestation, de restauration des zones humides, et de création de corridors écologiques. En tant qu'acteurs locaux et mondiaux, les zoos peuvent mobiliser des ressources et des connaissances pour soutenir la restauration des écosystèmes dégradés, tout en impliquant le public dans ces initiatives.
- **Plaidoyer pour la biodiversité** : Enfin, les zoos peuvent devenir des voix puissantes dans le plaidoyer pour la biodiversité, en défendant des politiques environnementales robustes, en sensibilisant les

décideurs et le public à l'importance de la protection des écosystèmes, et en collaborant avec des ONG et des institutions pour influencer positivement les politiques de conservation à tous les niveaux.

En conclusion, les zoos de demain devront non seulement s'adapter aux préoccupations éthiques et aux exigences du bien-être animal, mais aussi redéfinir leur rôle dans un monde en mutation écologique. En trouvant un équilibre entre conservation, éducation, et bien-être, tout en s'engageant activement dans les débats publics et la restauration écologique, les zoos pourront rester pertinents et jouer un rôle essentiel dans la protection de notre patrimoine naturel pour les générations futures.

Ce plan vise à présenter de manière équilibrée les arguments pour et contre les zoos, en tenant compte des aspects de conservation, d'éducation, d'éthique, et des impacts économiques et culturels. Le sous-titre met en évidence les principaux enjeux du débat : la conservation des espèces, le rôle éducatif des zoos, et les questions éthiques liées au bien-être animal.

CONCLUSION : Vers une nouvelle conception des zoos pour le 21e siècle ?

À l'aube du 21e siècle, le débat sur les zoos est plus pertinent que jamais. Face à des enjeux croissants en matière de conservation, d'éducation, et d'éthique animale, les zoos se trouvent à un carrefour où leur rôle traditionnel est remis en question. Ce livre a exploré les multiples facettes de cette question complexe, en mettant en lumière les arguments des partisans comme des opposants, permettant ainsi au lecteur de se forger une opinion éclairée.

D'un côté, les défenseurs des zoos soulignent leur contribution à la conservation des espèces menacées, à la recherche scientifique et à l'éducation du public. Les zoos sont présentés comme des outils indispensables pour sensibiliser la population à la biodiversité et pour financer des programmes de préservation. De l'autre, les critiques mettent en avant les limitations éthiques et pratiques de ces institutions, en insistant sur les problèmes liés au bien-être animal, à l'artificialité des environnements captifs, et aux questionnements éthiques liés à la captivité.

En fin de compte, la question n'est pas de savoir si les zoos doivent continuer d'exister ou non, mais plutôt de comprendre comment ils peuvent évoluer pour répondre aux attentes actuelles. Le défi consiste à trouver un équilibre entre la nécessité de conserver la biodiversité et le respect des droits et du bien-être des animaux. Certains préconisent une réinvention totale des zoos, en intégrant des technologies immersives et en promouvant des sanctuaires qui offrent des alternatives plus respectueuses de la nature.

Le 21e siècle pourrait être l'ère où les zoos se transforment profondément, en se repositionnant non plus comme des lieux de simple observation, mais comme des acteurs engagés dans la protection de l'environnement et le bien-être animal. Cependant, cette évolution dépendra largement de la volonté des sociétés à réévaluer leurs priorités et à repenser la place qu'elles accordent aux animaux dans le monde moderne.

Finalement, il appartient à chaque lecteur de tirer ses propres conclusions à partir des arguments présentés dans ce livre. Envisager un avenir où les zoos s'adaptent aux défis éthiques et écologiques, tout en conservant leur rôle éducatif et scientifique, pourrait bien être la clé pour leur pertinence continue dans un monde en mutation rapide.